BEI GRIN MACHT SICH IHR WISSEN BEZAHLT

Diagnostischer Prozess am Fallbeispiel einer Depression. Mögliche Einflussdeterminanten von psychischen Störungen

Anhand eines Fallbeispiel eines depressiv Erkrankten

Silke Brunner

Bibliografische Information der Deutschen Nationalbibliothek:

Die Deutsche Nationalbibliothek verzeichnet diese Publikation in der Deutschen Nationalbibliografie; detaillierte bibliografische Daten sind im Internet über http://dnb.d-nb.de abrufbar.

ISBN: 9783346648648
Dieses Buch ist auch als E-Book erhältlich.

Druck und Bindung: Books on Demand GmbH, Norderstedt Germany
Gedruckt auf säurefreiem Papier aus verantwortungsvollen Quellen

Das vorliegende Werk wurde sorgfältig erarbeitet. Dennoch übernehmen Autoren und Verlag für die Richtigkeit von Angaben, Hinweisen, Links und Ratschlägen sowie eventuelle Druckfehler keine Haftung.

Das Buch bei GRIN: https://www.grin.com/document/1202105

Einsendeaufgabe

Alternative Prüfungsform

Klinische Psychologie I (Grundlagen)

Abgegeben am 13. April 2020

Modulverantwortliche Hochschullehrer:

SRH Fernhochschule – The Mobile University

Modul: Klinische Psychologie I (Grundlagen) (BKLPSY)

Studiengang: 171 B.Sc. Psychologie

Von

Silke Dorothee Brunner

Inhaltsverzeichnis

Inhaltsverzeichnis..2

Abkürzungsverzeichnis...3

Abbildungsverzeichnis..3

Anlagenverzeichnis..3

1   Textteil zu Aufgabe 1 4

2   Textteil zu Aufgabe 2 9

3   Textteil zu Aufgabe 3 15

Anlagen..22

Literaturverzeichnis..23

Abkürzungsverzeichnis

BDI ....Beck Depression Inventar

DIPS ....Diagnostischen Interview bei Psychischen Störungen

GAF ....Global Assessment of Functioning

GAS ....Goal Attainment Scaling

ICD ....International Classification of Diseases

LoC ....Loc of Control, Kontrollüberzeugung

RES ....Ressourcenselbsteinschätzung

REF ....Ressourcenfremdeinschätzung

SKID ....Strukturiertes Klinisches Interview

SWE ....Selbstwirksamkeitserwartung

WHO ....Weltgesundheitsorganisation

Abbildungsverzeichnis

Abbildung 1: Zusammenhang zwischen Resilienz, Risiko- und Schutzfaktoren bei
        Krisen 6

Abbildung 2: Risiko- und Schutzfaktoren am Beispiel der Entstehung psychotroper
        Substanzstörung durch illegale Drogen 7

Abbildung 3: Das biopsychosoziale Modell zum Verständnis psychischer Störungen
        respektive Gesundheit 10

Abbildung 4: Das Vulnerabilitäts-Stress-Modell 12

Anlagenverzeichnis

Anlage 1: Beispielfragen zu Ressourcen 22

1 Textteil zu Aufgabe 1

Mit Risiko- und Schutzfaktoren im Sinn gesundheitsfördernder und-erhaltende Faktoren setzte sich bereits der Medizinsoziologe Aaron Antonovsky auseinander. In den 70er Jahren stellte er der pathogenetischen Sicht sein Paradigma der Salutogenese als „Entstehung von Gesundheit" gegenüber (Blickhan, 2015, S. 36). Für ihn ist die Person selbst Quelle gesundheitsfördernder Faktoren, wie die jeweilige internale Kontrollüberzeugung, Selbstwirksamkeit oder Optimismus. Die Begriffe Schutzfaktoren und Ressourcen werden oft synonym verwendet. Sie werden gemäß Grawe (1998, zitiert nach Wüsten, 2015) als „[...]Aspekt des seelischen Geschehens und darüber hinaus der gesamten Lebenssituation eines Patienten aufgefasst" (S. 8). Schutzfaktoren können Ziele, Wünsche, Interessen, Überzeugungen oder Einstellungen einer Person umfassen. Sie schließen den Interaktionsstil oder physische Merkmale wie Aussehen, Kraft oder Ausdauer eines Individuums mit ein. Ressourcen können demgegenüber auch als Schutzfaktoren aus der Umwelt hervorgehen, wie soziale Unterstützung, Integration und Status aber auch die finanzielle Sicherheit einer Person (Blickhan, 2015, S. 36–37). Diese Schutz- oder protektive Faktoren erhöhen die Wahrscheinlichkeit einer erfolgreichen Bewältigung von Stress und können dazu beitragen, dass Belastungen und Risikofaktoren gar nicht erst zu Störungen führen. Faltermaier (2005) sieht speziell Gesundheitsressourcen, als die

> [...] dann dauerhaft verfügbaren Kräfte oder Merkmale einer Person, sozialen Gruppe oder Umwelt, die eine positive Einflussnahme auf das Gesundheitskontinuum ermöglichen oder erleichtern können. [...] Ressourcen stellen keinen direkten Einfluss auf Gesundheit dar, aber indirekt ermöglichen oder erleichtern sie diesen. Somit ist zu unterscheiden zwischen dem Potential an Ressourcen und ihrer Mobilisierung. (S. 157)

Aus salutogenetischer Sicht wird beurteilt, welche Schutzfaktoren eine Person braucht, um eine psychische Störung zu bewältigen. Sie lassen sich grob in biologische und psychosoziale Wirkfaktoren unterscheiden. Caspar et al. (2018) unterteilt sie detaillierter in vier Untergruppen:

1. Kenntnisse und Fähigkeiten (z.B. hilfreiche Copingstrategien).
2. Beziehungen und soziale Unterstützung (z.B. soziales Netzwerk wie Freunde).
3. Motivation und Werte (z.B. sinnstiftende Überzeugungen die für die Therapie hilfreich sind).
4. Unbelastete Lebensbereiche (z.B. Arbeitsplatz, Hobbies) (S. 20).

4

In Zusammenhang des Konzepts von Risiko- und Schutzfaktoren taucht der Begriff der Resilienz auf. Resilienz stammt aus dem Englischen *resilience* und versteht die Widerstandsfähigkeit einer Person, sich dank internaler oder externaler Ressourcen an widrige Lebensumstände positiv anzupassen; teils wird sie als Gegenteil von Vulnerabilität gesehen. Voraussetzungen für Resilienz sind eine belastende Situation und die erfolgreiche Bewältigung dieser. Resilienz baut auf einer Reihe von Schutzfaktoren auf, die sich als Lernerfahrung von Kindheit an entwickeln, d.h. es ist ein dynamischer Anpassungs- und Entwicklungsprozess. Somit ist Resilienz nicht stabil, sondern variiert über verschiedene Lebenssituationen und -bereiche, als auch über die Zeit hinweg und ist sehr individuell (Caspar et al., 2018, S. 51–52; Wirtz, 2017, S. 1442; Wittchen & Hoyer, 2011, S. 22).

Wenn Schutzfaktoren und Resilienz auf der einen Seite zusammenspielen, stehen demgegenüber interne und externe Risikofaktoren und Fehlanpassung einer Person auf der anderen Seite. Risikofaktoren sind „Bedingungen, die die Wahrscheinlichkeit einer Entwicklungsabweichung erhöhen und dadurch eine Störung begünstigen [...]"(Petermann et al., 2018, S. 123). Interne Risikofaktoren ‚kommen aus der Person selbst'; beispielsweise prä-/ peri- und postnatale Komplikationen, ungünstige Genetik oder ein schwieriges Temperament. Externe Risikofaktoren rühren aus der Umwelt, den psychosozialen Stressoren oder sozialem Umfeld. In Bezug auf die Entwicklungspsychopathologie wirken sich sogenannte distale Risikofaktoren indirekt auf die Entwicklung aus, während sich proximale Risikofaktoren auf Auffälligkeiten im Kommunikationsstil und Erziehungsverhalten Eltern-Kind beziehen. Sie wirken demnach direkt auf die Entwicklung eines Kindes. Risikofaktoren belasten eine Person – je mehr Risikofaktoren sich kumulieren, desto grösser ist die Wahrscheinlichkeit an einer psychischen Störung zu erkranken. Empirisch sei hier auf die Isle-of-Wight-Studie von Rutter (1989) verwiesen. Als erste großangelegte psychiatrische Risikostudie gelang sie zu folgendem Ergebnis: Die Wahrscheinlichkeit bei keinem oder einem bestehenden Risikofaktor eine psychische Störung zu entwickeln liegt bei 2%, bei zwei bis drei Risikofaktoren erhöht sich diese um vier Prozentpunkte. Bei vier Risikofaktoren war schon jeder fünfte betroffen (Petermann et al., 2018, S. 124-124; Wittchen & Hoyer, 2011, S. 293).

Abbildung 1 veranschaulicht das Zusammenspiel von Risiko-, Schutzfaktoren und Resilienz. Resilienz kann als Art Konsequenz von Schutzfaktoren betrachtet werden: Risiken oder Belastungen werden zwar nicht beseitigt, dem Individuum wird aber ermöglicht, wirkungsvoll und gesund damit umzugehen.

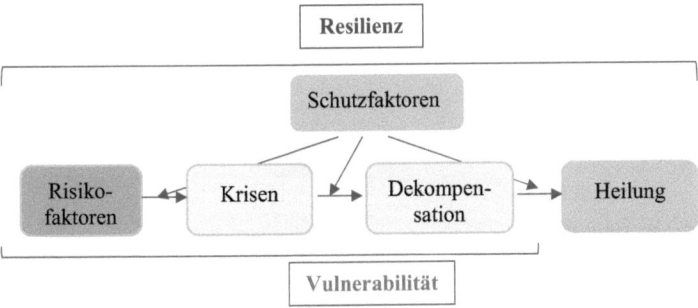

Abbildung 1: Zusammenhang zwischen Resilienz, Risiko- und Schutzfaktoren bei Krisen.

(Quelle: Eigene Darstellung in Anlehnung an Blattner, 2017)

Das ätiologische Modell der Risiko- und Schutzfaktoren wird in Abbildung 2 anhand des Beispiels einer Störung durch den schädlichen Gebrauch illegaler Drogen (psychotrope Substanzen) verdeutlicht. Es zeigt, dass einzelne Faktoren die Wahrscheinlichkeit erhöhen, dass es zum Drogenkonsum bzw. einer substanzbezogenen Störung kommt; demgegenüber stehen Schutzfaktoren, die eine Störung abwehren. Dieser Ansatz wurde in den letzten Jahren auch insbesondere zur Erstellung von Konzepten der Prävention psychotroper Substanzen herangezogen (Reinecker, 2003, S. 339).

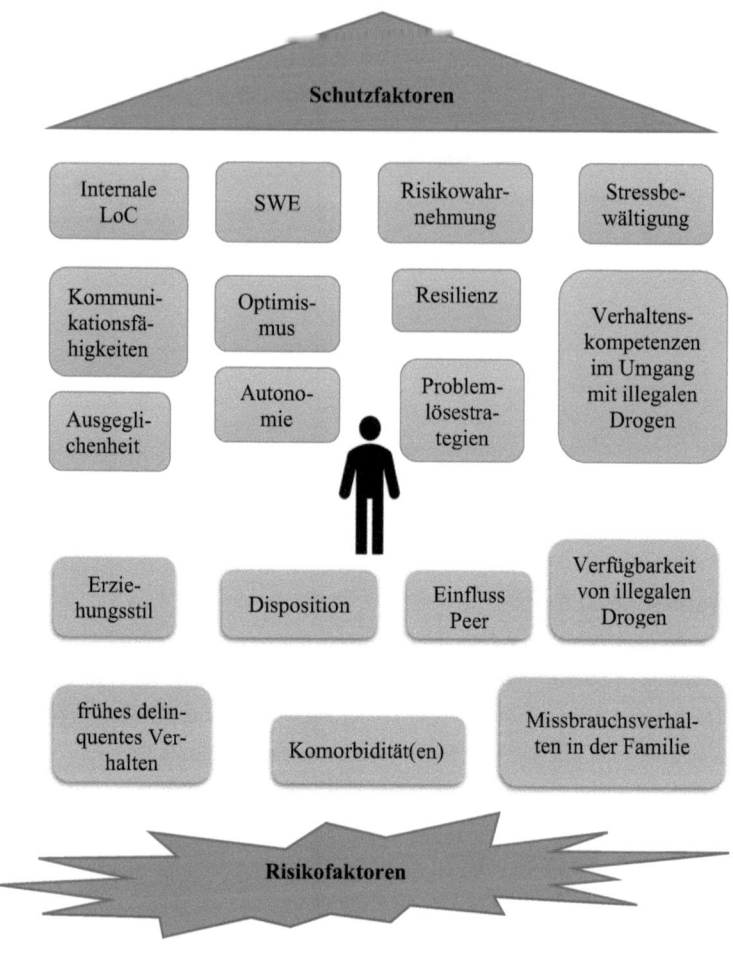

Abbildung 2: Risiko- und Schutzfaktoren am Beispiel der Entstehung psychotroper Substanz-störung durch illegale Drogen.

(Quelle: Eigene Darstellung in Anlehnung an Reinecker, 2003, S. 339; Rolfe, 2019, S. 106)

Seit Antonovskys Paradigma der Salutogenese finden sich immer mehr Forschungen in Rich-tung gesundheitsfördernder Schutzfaktoren oder Resilienz. Die Längsschnittstudie von Emmy Werner wird als sehr bedeutend auf diesem Gebiet angesehen. Sie wird seit den 50er Jahren auf

7

Kauai durchgeführt. Von der pränatalen Phase an bis hin ins Erwachsenenalter werden Individuen auf ihre physische, kognitive und soziale Entwicklung hin untersucht. Eckdaten sind wie folgt: Stichprobengröße n= 698; Messzeitpunkte: t0 (pränatal), t1=1. Lebensjahr, t2= 2. Lebensjahr, t3= 10. Lebensjahr, t4=18. Lebensjahr, t5= 31./32. Lebensjahr und t6 = 40. Lebensjahr. Aus einer biopsychosozialen Herangehensweise holt Werner umfassende Daten ein. Sie definiert ein Drittel der Stichprobe als Risikogruppe, d.h. jene Kinder sind bereits ab dem 2. Lebensjahr vier oder mehr psychosozialen Risikofaktoren ausgesetzt (z.b. geburtsbedingte Komplikationen, familiäre Disharmonie oder Armut). Erstaunlicherweise entwickelt sich ein Drittel jener Risiko-Kinder trotz massiver Belastungen zu ‚normalen' störungsfreien Personen; vielmehr noch zeichnen sie sich durch eine positive, optimistische und verantwortungsvolle Lebenseinstellung aus. 10% der Gesamtstichprobe zeigt sich trotz mehrerer Risikofaktoren als resilient und Werner bezeichnet diese Kinder invulnerabel und verweist damit auf deren besondere psychische Widerstandsfähigkeit. Werner belegt demnach auch Antonovskys salutogenetische Sichtweise, dass Widerstandsressourcen für eine positive Entwicklung im Kindes- und Jugendalter bis hin ins Erwachsenendasein verantwortlich sind. Diese Schutzfaktoren können, wie auch für die Risiko-Kinder der Kauai Studie geltend, folgendermaßen aussehen:

- Stabile emotionale Beziehung zur Versorgungsperson.
- Eine stete Unterstützung der Bindungsperson, die in der Stärkung des Vertrauens des Kindes resultiert.
- Soziale Unterstützung der Umwelt und Rollenmodelle, die einen konstruktiven Bewältigungsstil vorleben.
- Kognitive Kompetenzen, wie realistische Zukunftsaussichten, durchschnittliche Intelligenz, adäquate Kommunikationsfähigkeiten.
- Temperamentseigenschaften wie Impulskontrolle oder Flexibilität, was eine effektive Bewältigung begünstigt.
- Aktives Coping bei der Problembewältigung.
- Kohärenzsinn und Erfahrung von Selbstwirksamkeit, positivem Selbstkonzept sowie Selbstvertrauen.

Mit zunehmender Forschungsaktivität und Ausdehnung der Resilienzforschung auf Erwachsene in den Jahren danach, zeigt sich, dass selbst nach desolaten Ereignissen gut 50% der Betroffenen psychisch stabil bleiben. Aus pathogenetischer Sicht scheint die Bewältigungsfähigkeit lange unterschätzt worden zu sein. Resilienz im Sinne von Stress-Resistenz kommt laut Arbeitsgruppe um den Forscher Bonanno (2004) als häufigste Art von Resilienz vor. In seinen Untersuchungen zum 11. September 2001, den Terroranschlägen in New York, zeigen über

65% der Bewohner danach keine Anzeichen psychischer Belastung (Bengel & Lyssenko, 2012, S. 11; Blickhan, 2015, S. 36–37; Petermann et al., 2018, S. 125–128).

2 Textteil zu Aufgabe 2

Im Gegensatz zu traditionellen medizinischen Krankheitsmodellen, welche eine Krankheit anhand objektiver, biologischer Faktoren diagnostizieren, fokussieren neuere, aktuell verbreitete Modelle auf eine holistische Sichtweise. Zusätzlich zu traditionellen biologischen, somatischen Faktoren, erweitern sie Modelle um psychologische (z.b. Emotion und Kognition inkl. dysfunktionale Bewertungen) sowie soziale Einflüsse (z.b. finanzielle oder soziale Unterstützung in der Krankheitsversorgung). Jene Sichtweise stellt auch die Grundlage zum Verständnis psychischer Störungen dar. Das biopsychosoziale Modell nach Engel (1979) kann als Basis und Rahmenmodell betrachtet werden. Es dient zum Grundverständnis psychischen Funktionierens, auf dem andere, integrative Modelle aufbauen. Das biopsychosoziale Modell besteht aus drei Bereichen, die in gleichrangigem Status stehen und miteinander interagieren. Abbildung 3 stellt die drei Einflussgrößen auf psychische Störungen respektive Gesundheit mit drei überlappenden Kreisen treffend schematisch dar: Ein Zusammenspiel psychologischer, sozialer und biologischer Faktoren.

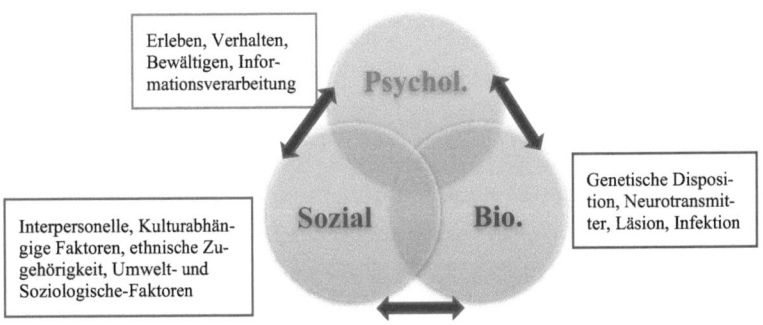

Abbildung 3: Das biopsychosoziale Modell zum Verständnis psychischer Störungen respektive Gesundheit.

(Quelle: Eigene Darstellung in Anlehnung an Reinecker, 2003, S. 26)

Psychologische, soziale und biologische Faktoren haben einen gleichrangigen Wert und verschiedene ‚eigene' Einflussvariablen, wie sie oben in Abbildung 3 aufgelistet sind. Zusätzlich zu objektiven Kriterien des Klienten werden hier auch subjektive erfasst. Im Sinne der Salutogenese liegt es an der Person selbst, soweit als möglich (pro)aktiv Verantwortung für seine Gesundheit zu übernehmen (Caspar et al., 2018, S. 86–87; Daniel & Jansen, 2018, S. 13–14; Petermann et al., 2018, S. 23–27). Kendler et al. (2002, zitiert nach Petermann et al., 2018) hat das biopsychosoziale Modell am Beispiel der Major Depression empirisch überprüft. Er berechnet mit Variablen aus jedem der drei Bereiche, welchen Zusammenhang und mit welcher Stärke sie eine neue depressive Episode innerhalb eines Jahres vorhersagen können. Anhand des Partialregressionskoeffizienten erkennt man, welche Faktoren den stärksten Einfluss auf eine neue Episode der Depression haben. Das Ergebnis zeigt, dass alle Faktoren aus den drei Dimensionen einen positiven Einfluss haben: Sie tragen zur Entwicklung und Aufrechterhaltung einer psychischen Störung bei. Am ausgeprägtesten ist der psychologische Faktor mit einem Partialregressionskoeffizienten von 0,35 für *„mit-oder selbstversursachte schwere Lebensereignisse"*, gefolgt von sozialen Einflussgrößen wie *„Fremdverursachte schwere Lebensereignisse"* mit einem Partialregressionskoeffizienten von 0,23. Auch die weitere Variable aus der sozialen Dimension mit *„Schwierigkeiten im letzten Jahr"* (z.B. einschneidende finanzielle Probleme, Arbeitsplatzverlust, juristische Probleme, massive Schwierigkeiten am Arbeitsplatz) mit einem Partialregressionskoeffizienten von 0,10 zeigt den Stellenwert von sozialen Einfluss-größen auf psychische Störungen (S. 27–28).

Das Vulnerabilitäts-Stress-Modell ergänzt das biopsychosoziale Modell um dynamische Aspekte, einzelne sich kumulierende Stressoren aber auch Ressourcen und einem lebensphasenabhängigen Aspekt des Zeitverlaufs. Das Vulnerabilitäts- oder Diathese-Stress-Modell baut auf dem Grundmodell des Zusammenspiels biologischer, sozialer und psychischer Faktoren wie oben dargestellt auf, welche die Entstehung und den Verlauf einer psychischen Störung beeinflussen. Das Diathese-Stress-Modell wird durch die Annahme ergänzt, dass Personen relativ zeitstabile Prädispositionen (Diathese) für psychische Störungen haben. Gepaart mit aktuellen Stressoren wird die jeweilige, individuelle Vulnerabilitätsschwelle einer Person überschritten; es zeigen sich Symptome, die sich zu einer Störung kumulieren können. In wie weit eine Person eine Situation als belastend empfindet, hängt nicht nur von Merkmalen der Situation selbst ab, sondern auch von ihrer individuellen Vulnerabilität, d.h. der biografisch erworbenen oder genetischen Empfänglichkeit, Anfälligkeit für Stressoren. Beispiele für beeinflussende Faktoren können neben Heredität, die bei der Schizophrenie beispielsweise bei 10% liegt, Persönlichkeitsdispositionen oder soziale Einflussgrößen sein. Bei sozialen Faktoren spielt die Lernerfahrung einer Person über die Lebensspanne hinweg eine große Rolle oder der familiäre Kommunikationsstil im Sinne von *high expressed emotions (engl.)*, der das Risiko für eine erneute psychotische Episode bei dieser Störung erhöht. Hier kommen Begriffe, wie in Aufgabe 1 erläutert, von Ressourcen und Resilienz ins Spiel. Diese individuelle Belastbarkeitsschwelle kann je nach Situation und über die Zeit hinweg variieren – was das Diathese-Stress-Modell berücksichtigt (Caspar et al., 2018, S. 20, 86; Wittchen & Hoyer, 2011, S. 292). Nachfolgende Abbildung 4 verdeutlicht auch einem Klienten und Betroffenen anschaulich, wann sich Symptome psychischer Störungen zeigen. Im Modell sieht man das Stressniveau als Kumulation einzelner Stressoren, die über den Zeitverlauf variieren. Wird die individuelle Vulnerabilitätsschwelle überschritten kommt es zu psychotischen Symptomen.

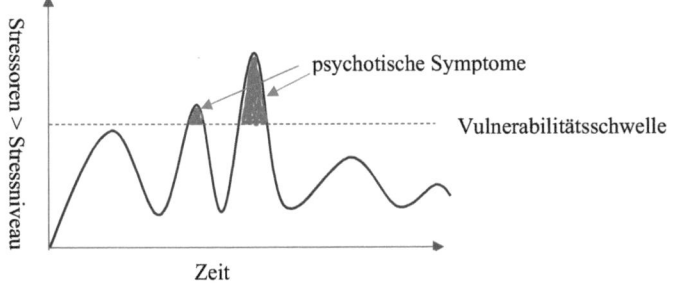

Abbildung 4: Das Vulnerabilitäts-Stress-Modell.

(Quelle: Eigene Darstellung in Anlehnung an Caspar et al., 2018, S. 87)

Stressoren können aus der Umwelt einwirken und relativ stabil sein, wie sozialer Status oder allgemeine Lebensbedingungen. Daneben kommen ‚aktuelle', wechselnde Stressoren aus dem Alltag hinzu, wie Critical-Life-Events (z.b. Tod eines Angehörigen, Verlust des Arbeitsplatzes). Anhand der Anamnese der Lebensgeschichte als Teil des diagnostischen Prozesses werden solche fördernden und auslösenden Belastungen für eine psychische Störung eruiert und die Vulnerabilität einer Person bestimmt. Prinzipiell lassen sich Stressoren in vier Gruppen einteilen – die sich gegenseitig beeinflussen können:

1. Soziodemografische Faktoren (z.B. niedriger sozialer Status).
2. Einflüsse sozialer Umgebung (z.B. verschiedene soziale Rollen die eine Person einnimmt).
3. Dysfunktionale Verarbeitung von Informationen einer Person selbst.
4. Ungünstige soziale Einstellungen und Kompetenzdefizite.

In wieweit eine Person eine Situation, einen Stressor als psychisch krankheitsfördernd verarbeitet, hängt neben den äußeren Merkmalen einer Situation wesentlich von dessen individuellen Vulnerabilität ab (Wittchen & Hoyer, 2011, S. 292). Am Beispiel der Schizophrenie im Diathese-Stress-Modells heißt dies, dass auf biologischer Ebene ein genetisches Risiko vorhanden sein kann, auf psychologischer Ebene können kognitive Verzerrungen Symptome für Schizophrenie erhöhen und letztendlich kann sich ein genereller niedriger sozioökonomischer Status oder fehlende soziale Unterstützung aus dem dritten Bereich negativ auswirken. Umso mehr solche Vulnerabilitätsfaktoren vorliegen, umso niedriger kann die hypothetische

Vulnerabilitätsschwelle, wie in Abbildung 4 aufgezeigt, ausfallen. Einem Klienten kann anhand des grafischen Modells vermittelt werden, dass aufgrund mehrerer, meist kumulierender Stressoren über die Zeit hinweg, eine Schwellenüberschreitung stattfindet und sich entsprechende Symptome äußern. Auch im Bereich der Störungen durch Substanzkonsum wird auf den biopsychosozialen Erklärungsansatz des Diathese-Stress-Modell zur Entstehung zurückgegriffen. Befunde aus Längsschnittstudien ab den 90er Jahren unterstützen das Modell empirisch. Hier konnten Vulnerabilitäts- und Risikofaktoren für Substanzstörungen bei Betroffenen ausgemacht werden. Es werden dabei proximale und distale Einflussfaktoren unterschieden (Wittchen & Hoyer, 2011, S. 706).

Einflüsse von sozialer Ebene oder soziale Unterstützung, wie sie beide Modelle oben berücksichtigen, bedeuten nach Aronson et. al. (2008) „die Wahrnehmung, dass andere unsere Bedürfnisse erkennen und darauf reagieren" (S. 505). Studien bestätigen, dass es in Phasen starker Belastung wichtig ist, einer Person Unterstützung zu geben, ihre Bedürfnisse zu befriedigen und ihr beiseite zu stehen. Allgemein belegen empirische Studien, dass sozial integrierte Personen sich einer besseren somatischen und psychischen Gesundheit erfreuen (Faltermaier, 2005, S. 288). Eine bereits in den Jahren 1967 bis 1969 groß angelegte Studie in den USA mit amerikanischen Männern und Frauen wies nach, dass „[…] Männer mit einem geringem Maß an sozialer Unterstützung eine zwei- bis dreimal höhere Wahrscheinlichkeit hatten, innerhalb der nächsten zwölf Jahre zu sterben, als Männer mit einem hohen Maß an sozialer Unterstützung" (House, Robins & Metzner, 1982, zitiert nach Aronson et al., 2008, S. 505). Weitere empirische Daten liefert eine Studie an Patientinnen mit Brustkrebs. Jene mit sozialer Unterstützung waren nicht nur mental besser aufgestellt, sondern hatten im Endeffekt auch eine 18monatige längere Lebenserwartung als ihre Kontrollgruppe ohne solch einen Beistand (Aronson et al., 2008, S. 505). Martire et al. (2004 zitiert nach Aronson et al., 2008, S. 505) wies zudem nach, dass chronisch kranke Patienten eine höhere Lebenserwartung haben, wenn ihre Angehörigen eine entsprechende Schulung zur sozialen Unterstützung erfahren. Interessanterweise spielt nicht nur die empfange soziale Unterstützung für eine längere Lebenserwartung eine Rolle, sondern auch die geleistete (z.B. Betreuung hilfsbedürftiger Personen, Kinderbetreuung oder geleistete Nachbarschaftshilfe (Aronson et al., 2008, S. 505)). Gemäß dem Depressionsmodell der erlernten Hilflosigkeit nach Seligman kann eine ausbleibende soziale Unterstützung in einen Zustand der Depression, zu vermehrter Hilflosigkeit und geringem Selbstwert führen. Dies unterstützt den verhaltenstherapeutischen Ansatz zur Stärkung sozialer Fertigkeiten. Hier werden dem Depressionsklienten im Falle von ungünstigen individuellen

Verhaltensanalysen spezifische soziale Kompetenzen und Handlungsmöglichkeiten vermittelt (Reinecker, 2003, S. 228–229, 294). Um beim Störungsbild der Depression zu bleiben, gelang der Verhaltenstherapie mit der kognitiven Wende ein entscheidender Fortschritt. Hier wurden kognitive Konzepte, insbesondere durch Albert Ellis (1913 – 2007) und Aaron T. Beck (*1921) in die Verhaltenstherapie integriert (Mahr, 2018, S. 10). Im Modell der kognitiven Theorie der Depression nach Beck sind verzerrte Informationsverarbeitungsprozesse, negative Gedankeninhalte und kognitiven Schemata die drei wesentlichen Elemente. Verwandte Termini zu dysfunktionalen Kognitionen sind Denkfehler, Denkmuster, unhinterfragte Glaubenssätze oder automatische Gedanken. Kognitionen betreffen Vorgänge der Wahrnehmung, Informationsverarbeitung und Speicherung von Informationen. Sie sind ein Sammelbegriff für Ideen, Überzeugungen oder Erwartungen einer Person. Kognitionen unterstützen den Problemlöseprozess und sind wichtige Stellschrauben der Motivation; sie bilden Motive oder Ziele mental ab. Dysfunktional beschreibt eine ineffiziente Leistungsfähigkeit oder eine Art unzweckmäßigen Charakter. Dysfunktionale Kognition stellt somit eine ungünstige mentale Repräsentation und Interpretation des Sachverhaltes dar; eine eingeschränkte Denkweise, die sich negativ auf den Problemlöseprozess auswirkt. Da sie nicht zielführend ist, erlebt die betroffene Person sie als Frustration oder Enttäuschung. Zu den dysfunktionalen Kognitionen zählen voreilige Schlussfolgerungen, falsche Vorhersagen, Alles-oder-nichts-Denken oder übertreibende Verallgemeinerungen. Beispiele für ein solche Denkmuster können sein: *„Ich muss immer bei allen beliebt sein"* oder *„Die anderen hier sind eh immer besser als ich"* (Atkinson et al., 2001, S. 700; Faller et al., 2006, S. 207; Sauerland, 2018, S. 7). Am Beispiel affektiver Störungen, speziell der Depression, geht man im Depressionsmodell von Beck von einer ätiologisch relevanten Veränderung der kognitiven Struktur aus. Durch dysfunktionale Kognitionen und Verzerrungen hat der Betroffene gemäß der Triade einen negativen Blick auf sich selbst, der Umwelt und der Zukunft. Die Theorie von Beck hat sich insbesondere in der kognitiven Verhaltenstherapie niedergeschlagen. Hier zeigen Studien signifikante Zusammenhänge zwischen depressiven Symptomen und dysfunktionalen Einstellungen – allen voran die Metaanalyse von Sweeney et al (1986 zitiert nach Reinecker, 2003, S. 230): „Sie kommt zu dem Schluss, dass der Zusammenhang zwischen ungünstigen Attributions- bzw. Denkstilen und Depression als gesichert gelten kann […]." Bei der Aufrechterhaltung der sozialen Phobien beruft man sich ebenfalls auf kognitive Erklärungsmodelle, in denen dysfunktionale Gedanken und Verzerrungen eine tragende Rolle spielen. Ein verzerrtes Selbstbild wird durch eine Art Sicherheitsverhalten und Vermeidung von gewissen Situationen aufrechterhalten; gemäß Spannungslandschaftsmodell verbleibt der Betroffene damit in seinem lokalen Minimum (Caspar et al., 2018, S. 76–77). Dysfunktionale

Kognitionen sind auch bei Albert Ellis, Vater der Rational Emotive Behavior Therapie, für die Entstehung und Aufrechterhaltung psychischer Störungen entscheidend. Für ihn gelten Gefühle und Empfindungen als wichtiger Bestandteil menschlicher Selbstfindungsprozesse. Mit einer Neuorientierung der Verhaltenstherapie in den 1970er Jahren, schuf Ellis einen festen Platz kognitiv ausgerichteter Verhaltensmodifikationen: Fortan wurden lautem Denken, Überzeugungshaltungen, kognitive Schemata oder inneren Bildern und subjektiven Erwartungen Platz eingeräumt (Ellis & Hoellen, 1997, S. 7-9). Eine von ihm bekannte Interventionsform ist das ABC-Schema – *adversities, beliefs, consequences*. Für Ellis sind hier innere Bewertungen zentraler Bestandteil und Ansatzpunkt. Gelingt es solche zu ändern, verändern sich auch negative Emotionen und entsprechendes Problemverhalten (Ellis et al., 2012, S. 32–37; Faller et al., 2006, S. 207–208).

3 Textteil zu Aufgabe 3

Um den diagnostischen Prozess und mögliche psychotherapeutische Maßnahmen zu beschreiben wird von folgendem Fall ausgegangen: *Herr K, 38 Jahre, kommt nach langem Zureden seines Hausarztes in eine psychotherapeutische Praxis und berichtet, dass er schon seit etwa einem Jahr immer sehr schlechter Stimmung sei. Seine Beziehung ging in die Brüche und Freunde wenden sich ebenfalls schon länger von ihm ab. Alles was ihm früher Freude bereitet hat, findet er nun öde und interessiert ihn nicht mehr. Generell hat er sein Interesse an jeglichen Dingen verloren. Es fällt ihm schwer morgens überhaupt aus dem Bett zu kommen, nachdem er des Nachts oft wachgelegen ist. Meistens verbringt er die Tage auf dem Sofa, erst recht, seit er im Zuge eines Stellenabbaus gekündigt worden ist. K sieht die Schuld mit kompletter Unfähigkeit und Versagen nur bei sich. Er sagt, es sei, als ob sein Akku leer ist, absolut nichts gehe mehr. Sein Appetit hat nachgelassen, ihm schmeckt nichts mehr und er hat im letzten Jahr fast 10kg abgenommen. K's Haut ist sehr blass und er hat tiefe Augenringe. Ihn plagen Rücken- und Kopfschmerzen. Um diesen Schmerzen entgegenzuwirken nehme er jeden Tag mindestens einmal eine Aspirintablette. Etwas Erleichterung von der Situation empfindet er beim täglichen Konsum von Bier, schon ab mittags, dass er bis in den Abend durchzieht. Zeitweise wechselt er auch auf Rotwein über, da dies gegen Schlafprobleme helfen soll. Lachen könne er nicht mehr, wie K berichtet. Er kann sich Dinge auch nur noch schlecht merken – abends weiß er nicht mehr was er mittags gemacht hat oder ob er sich heute schon die Zähne geputzt hat oder nicht.*

Er sei sowieso unfähig und zu dumm für alles. Eigentlich würde er am liebsten nur liegen bleiben und sterben.

Um ein umfassendes Bild von K zu ermitteln, besteht der diagnostische Prozess aus mehreren Schritten. Informationen zur Indikationsstellung entscheiden, ob bei K eine Psychotherapie angebracht ist. Es ist dabei essentiell, störungsspezifische wie auch störungsübergreifende Phänomene von K zu erfassen. Der diagnostische Prozess lässt sich in drei Phasen aufteilen:

1. Indikationsorientierte Diagnostik vor/ zu Beginn der Therapie.
2. Verlaufs- und Prozessdiagnostik während der Therapie.
3. Abschlussdiagnostik am Ende der Therapie.

Entgegen eines Uniformitätsmythos und im Sinne der Allgemeinen Psychotherapie als integrativer Ansatz und assimilativen Integration, folgt der Therapeut T dem individuellen Störungsbild seines Patienten. Welche Phänomene treten bei K regelmäßig auf, welche Zusammenhänge könnte es geben, welche Symptome können zu Syndromen zusammengefasst werden. Es hat sich als hilfreich erwiesen, multimodal vorzugehen. K's Beschwerdebericht wird demnach aus unterschiedlicher Beurteilungsperspektive, anhand verschiedener Methoden und Ebenen betrachtet (Petermann et al., 2018, S. 246–247; Reinecker, 2003, S. 53). Auf den Fall bezogen: K ist aufgrund seiner andauernden Beschwerden von seinem Hausarzt an den Therapeuten T überwiesen worden. Er ist 38 Jahre alt und lebt derzeit alleine. Seine spontan berichteten Symptome im Erstkontakt mit T deuten auf eine behandlungsbedürftige Störung hin. T lässt K relativ frei erzählen, ein unstrukturiertes therapeutisches Interview. Er möchte möglichst viele Informationen sammeln, um das Beschwerdebild grob zu umreißen, einzuordnen und erste Hypothesen daraus abzuleiten. Am wichtigsten ist dem Therapeuten im Erstkontakt allerdings die Basis für eine stabile und motivierende Therapiebeziehung aufzubauen, die Grundlage für den Erfolg einer Therapie ist. Anhand des Klassifikationssystems ICD-10 der WHO kann T das Beschwerdebild von K dank operationalisierter Diagnosekriterien einer diagnostischen Kategorie zuordnen. Im ICD-10 Kapitel 5 (F) werden psychische Störungen aufgelistet. Depressive Störungen werden unter der Kategorie F3 der Affektiven Störungen geführt. Sie sind durch eine Veränderung der Stimmung als auch des Aktivitätsniveaus gekennzeichnet. Kardinalsymptome einer Depression umfassen Niedergeschlagenheit, Interessen-/Freudverlust und verminderter Antrieb über mindestens zwei Wochen. All dies ist nach dem Bericht von K gegeben. T kann entlang eindeutig definierter Diagnosekriterien im ICD-10 für das Störungsbild der Depression weitere Symptomkriterien einer Depression überprüfen. In weiteren Sitzungen exploriert der Therapeut anhand klinisch diagnostischer Interviews die Diagnosekriterien des Störungsbildes. Diese können den genauen Erkrankungsverlauf von K mit Anzahl Phasen/ Episoden von K aufdecken. Auch ein Tagebuchbericht von K über einen gewissen Zeitraum könnte dem Therapeuten weitere, subjektive Anhaltspunkte über K's Störung im Verlauf liefern. Im Rahmen des SKID in mindestens einer, wenn nicht weiteren Sitzungen geht der Therapeut diverse Screeningfragen über verschiedene Bereiche durch – letztere erscheinen K evtl. nicht relevant, da er derzeit keinen Leidensdruck damit in Verbindung bringt. Die umfassenden Informationen können aber zur Erklärung und Aufrechterhaltung der Störung beitragen; sie lässt sich letztendlich durch die vom ICD-10 gegebenen Kriterien klarer einordnen. Weitere hilfreiche Anhaltspunkte des SKID sind interpersonelle Probleme und bestimmte Persönlichkeitsakzentuierungen von K, die die Störung untermauern. Von einer rezidivierenden depressiven Störung F33 nach ICD-10 geht man aus, wenn mindestens zwei depressive Episoden diagnostiziert werden können, zwischen denen sich auch mehrmonatige symptomfreie Intervalle zeigen können. K beschreibt seine drückende Stimmung und ausbleibendes Aktivitätsniveau schon als ein Jahr andauernd. Nach den gewonnenen Informationen geht der Therapeut von einer Hauptdiagnose F33 aus. Das depressive Syndrom kann sich auf mehreren Ebenen des menschlichen Verhaltens und Erlebens zeigen. Aus K's Bericht erkennt man ein Antriebs- und Interessenverlust bis hin zu Suizidgedanken auf der Motivationsebene. Auf emotionaler Ebene berichtet K von Gefühlen wie Schuld, Hilflosigkeit und gleichzeitig auch Trauer und Einsamkeit. K scheint relativ isoliert zu leben: Nicht nur seine Ehe ist gescheitert, er fühlt auch Distanz zu seinen Freunden. K ist niedergeschlagen. Seine Darstellung Dinge zu vergessen, sich nicht mehr zu erinnern, schließen auf Störungen im kognitiven Bereich. Darüber hinaus erkennt man bei K einen gewissen Pessimismus und eine Selbstunsicherheit sowie Selbstkritik. Seine Schlafstörungen, Müdigkeit, Schwäche als auch sein Appetitverlust können körperlicher und vegetativer Symptomatik zugeschrieben werden. Schließlich zeigt sich auch in seinem Verhalten, seinem äußeren Erscheinungsbild mit gebeugter Körperhaltung, fehlender Spannung, blasser Haut und Augenringen, Merkmale eines depressiven Syndroms. Anhand K's subjektiv empfundenen Beschwerden während der depressiven Episode über einen längeren zeitlichen Verlauf hinweg, nicht nur punktuell nach einem critical life event, sowie den genannten Symptomen kann von einer schweren Schweregradeinstufung gesprochen werden. Anhand des BDI kann letzterer noch verifiziert werden. Von manischen oder hypomanischen Episoden berichtet K hingegen nicht. Gemäß ICD-10 deutet dies auf den Code F33.2 rezidivierende depressive Störung mit gegenwärtiger schwerer Episode ohne psychotische Symptome hin. Neben der Selbstbeurteilung der Symptome ist eine Fremdbeurteilung hilfreich. T behilft sich dem GAF, mit dem er das allgemeine Funktionsniveau des Patienten K beurteilen kann. Das Depressionsmodell nach Beck vermutet eine

17

kognitive Störung als Basis der depressiven Erkrankung. Die Reliabilität der Diagnose F33.2 untermauert T zusätzlich anhand des strukturierten DIPS. Neben der rein klassifikatorischen Diagnostik, gewinnt T noch zusätzliche Informationen über mögliche Komorbiditäten, Ursachen der Depression, den genauen Verlauf sowie situative oder kognitive Einflussfaktoren. K erwähnt den regelmäßigen Genuss von Alkohol. Mit DIPS kann geprüft werden, ob eine Störung durch Substanzkonsum gleichwertig vorliegt, oder als Nebendiagnose der Depression gestellt werden kann. Komorbidität bei Depression ist häufig; der schädliche Gebrauch von Alkohol könnte laut K's Erzählungen auf eine Selbstmedikationshypothese hindeuten. Die störungsübergreifende Diagnostik schließt die Anamnese der Lebensgeschichte mit ein. Hier ist von K wichtig zu erfahren, ob es Geburtskomplikationen gab, wie das Verhältnis zu seinen Bezugspersonen über die Lebensspanne hinweg aussah oder welche familiären Verhältnisse und entsprechenden Kommunikationsstil K beeinflusst haben. Aus K's Bericht geht der Ehebruch und Jobverlust als einschneidende Stressoren und kritische Lebensereignisse hervor. Seine Erzählungen als auch Ergebnisse aus dem oben erwähnten SKID bringen Ansatzpunkte einer unsicheren Persönlichkeit mit Minderwertigkeitskomplexen zutage. Erkenntnisse aus der Anamnese fließen in die Bestimmung von K's Vulnerabilität bzw. seiner individuellen Vulnerabilitätsschwelle ein. Anhaltspunkte aus der Anamnese können zudem sehr gut für spätere Interventionen in der Therapie genutzt werden. Im Hinblick auf die zweite Phase des diagnostischen Prozesses ist ein GAS hilfreich, dass so spezifisch und messbar als möglich gesetzt werden sollte. Anhand des biopsychosozialen Modells kann der Therapeut aus störungsspezifischer Perspektiven biologische, psychologische und soziale Faktoren bestimmen, die ihm im Verständnis, der Entstehung und Aufrechterhaltung der Depression von K weiterhelfen. K berichtet, dass bereits sein Vater an depressiven Episoden litt. Bei Verwandten ersten Grades spricht man von einem dreifach erhöhten Erkrankungsrisiko für depressive Störungen. Neben der Heredität können als weitere biologische Faktoren ein Mangel an Noradrenalin, Serotonin und Dopamin im Blut untersucht werden. Eine dysregulierte Hypothalamus-Hypophysen-Nebennierenrinden-Achse und damit chronisch erhöhter Cortisolspiegel sind ebenfalls biologisch relevante Faktoren, die überprüft werden sollten. Um auf das Vulnerabilitäts- Stress-Modell zurückzukommen und der familiären Anamnese, könnte auch ein überhöhter pränataler Stress die Vulnerabilitätsschwelle von K negativ beeinträchtigt haben. Als psychologische Faktoren können K's Scheidung und Jobverlust als kritische Lebensereignisse, als auch sein Neurotizismus herausgehört werden, die einen Zusammenhang zur Depression wahrscheinlich machen. Aus seinem noch folgenden Bericht über seine Kindheit könnten weitere psychologische Faktoren wie im Extremfall Missbrauch oder Vernachlässigung als Zusammenhang abgeleitet werden.

Soziale Einflussfaktoren bei K sind seine Arbeitslosigkeit, Scheidung und Vereinsamung, soziale Isolation, die negativ auf seine Vulnerabilität wirken. Um individuell auf K's Störung einzugehen, eignet sich die Verhaltens- und Plananalyse bzw. Fallkonzeption. Die Verhaltensanalyse anhand des SORKC Schema ist ein weit verbreitetes diagnostisches Verfahren in der Verhaltenstherapie, um die Problematik des Einzelnen zu explorieren und die verschiedenen Informationen zu strukturieren. K's Verhalten und Reaktion lässt sich anhand des Schemas gut in eine Systematik einbinden. Es empfiehlt sich mit dem Problemverhalten (Reaktion R) zu beginnen und darauf aufbauend vorausgehende Bedingungen mit Situation (Stimulus S) und Organismus (O) sowie nachfolgenden Bedingungen der Regelhaftigkeit (Kontingenz K) und Konsequenz (C) des Verhaltens fortzufahren:

- *R:* K's Problemverhalten zeigt sich auf kognitiver, emotionaler, physiologischer und motorischer Ebene wie sie weiter oben im Rahmen des depressiven Syndroms auf den verschiedenen Ebenen des Erleben und Verhalten von K aufgezeigt wurden (Antriebslosigkeit, Interessensverlust, gebeugte Körperhaltung, Einsamkeit, Selbstkritik u.a.). Der Alkoholkonsum ist hier ebenfalls als Reaktion anzufügen.

- *O:* Biologische und psychologische Merkmale von K, die das Problemverhalten begünstigen, sind vermindertes Selbstbewusstsein, Selbstunsicherheit, kognitive Verzerrungen sowie die Heredität (depressive Vorgeschichte väterlicherseits). Zudem die durch Schlafmangel verursachte körperliche Anfälligkeit von K.

- *S:* K wurde entlassen; er ist träge und kommt ‚nicht in die Gänge'. Er verbringt einen großen Teil des Tages allein zu Hause auf dem Sofa. Dazu fügen sich seine kritischen Gedanken hinsichtlich seiner ‚Unfähigkeit' – in der Therapie sind hier allfällige klassische oder operante Konditionierung in K's Vergangenheit oder ein Modellernen (evtl. vom Vater) zu prüfen.

- *K:* Regelhaftigkeit/ Kontingenz des Verhaltens im Sinne der Stimulus-Reiz-Reaktions-verknüpfung liegt vor.

- *C:* Beziehung nach außen/ soziales Netzwerk wird durch K's Verhalten weiter beeinträchtigt und vernachlässigt. Isolation, steigende Einsamkeit, Schamgefühl, irrationale Gedanken und Gedankenverzerrungen nehmen zu. Schädlicher Gebrauch von Alkohol gemäß Selbstmedikationshypothese: kurzfristige Verminderung negativer Gefühle von K durch Alkoholkonsum oder auch K's subjektiv besserer Schlaf/ -möglichkeit durch Rotweinkonsum.

Aus der Lerntheorie kann geschlossen werden, dass K's Verhalten aufgrund vorausgegangener Stimuli und nachfolgender Konsequenzen, die im Fall von K verstärkend wirken, gezeigt wird.

Mit SORKC kann der Therapeut K aufzeigen, welche Zusammenhänge aus K's eigener innerpsychischen Dynamik und seinem Verhalten bestehen. K sollte sich unbedingt mit dem Modell identifizieren können, es sollte für ihn authentisch sein. Darauf aufbauend kann T seine Hypothesen in weiteren Therapiesitzungen angehen und überprüfen. Anhand der Indikationen wählt T geeignete Methoden und Mittel in der Psychotherapie aus, die eine angestrebte Veränderung bei K bewirken. Ziel der Verhaltensanalyse wäre, dass K sein dysfunktionales Verhalten im Alltag bemerkt, seine Introspektion, Selbstbeobachtung und Reflektion für die Zukunft gefördert werden können und er langfristig belastende Zustände selber beeinflussen kann. Die individuelle Verhaltensanalyse und das störungsübergreifende Wissen ergänzen sich ideal. Symptome und Verhaltensweisen kann T dadurch besser einordnen und die Effizienz im therapeutischen Prozess steigern. In Anlehnung an die kognitive Verhaltenstherapie als empirisch gesicherte, effiziente Therapie bei Depressionen, stellt T anhand der Plananalyse das Verhalten von K auf Makroebenen dar. Hier gilt es K's Bedürfnisse und Motive zu eruieren. Zu einem bewussten oder unbewussten Zweck kann hinter K's Verhalten eine instrumentelle Funktion stecken. In der Therapie wird versucht diese aufzudecken und K's Motiven durch Alternativen ihre Basis zu entziehen (Caspar et al., 2018, S. 17, 55–56; Petermann et al., 2018, S. 159–165, 246–260; Reinecker, 2003, S. 216–249). Im Rahmen des therapeutischen Prozesses sind heute Ressourcen zentrale Pfeiler für einen erfolgreiche Therapie. Interventionen im Sinne einer Ressourcenorientierung können das Wohlbefinden von K fördern und so an den persönlichen Ressourcen von K als Schutzfaktoren andocken und ihm Handlungsalternativen eröffnen (Blickhan, 2015, S. 19). In der störungs-übergreifenden Diagnostik können Ressourcen bei der Anamnese der Lebensgeschichte aufgedeckt werden und Teil der Therapiebeziehung sein, welche essentiell für den positiven Ausgang der Therapie ist (Caspar et al., 2018, S. 19-20, 50). Ressourcen können anhand von psychometrischen Tests, wie standardisierten Fragebögen und strukturierten Explorationsleitfäden diagnostiziert werden. Beispielsweise gemäß den Einschätzungsfragebögen des RES und REF nach Trösken (2002). Im RES kann K anhand einer Einschätzung auf einer Skala nach seinem Wohlbefinden, Bewältigung alltäglicher Stresssituationen oder früherer Krisen, persönlichen Stärken und Fähigkeiten, gegenwärtigen Beziehungen oder allgemein nach seinem Commitment gefragt werden. Daraus erschließt sich, welches Potential, welche Handlungskompetenzen sowie Regulationsfähigkeiten bei K im Rahmen der Psychotherapie aktiviert werden können. Daneben kann T letztere auch unmittelbar aus dem therapeutischen Prozess und Dialog mit dem Patienten erschließen und ansprechen (Trösken, 2002; Wirtz, 2017, S. 1443). Beispielhafte Fragen bei der Anamnese, welche die vier Ressourcen-Gruppen ansprechen, finden sich in Anlage 1.

Künftige Psychotherapiesitzungen zwischen K und T erfolgen idealerweise aus dem integrativen Ansatz heraus, wie eingangs der Aufgabenstellung erwähnt. Grundvoraussetzung für den Erfolg einer Therapie sind die Motivation von K, seine aktive Mitarbeit und Selbstöffnungsbereitschaft, sowie eine solide, vertrauenswürdige Therapiebeziehung zwischen K und T. Bei K gilt es zu eruieren, in wieweit er von seinem Hausarzt aus zur Therapie gedrängt wurde oder ob er von sich aus auch motivationsbereit ist, seinen Leidensdruck mit professioneller Hilfe anzugehen. Die Veränderungsbereitschaft kann direkt als Selbstauskunft von K erfragt werden. Auch in Phase 2 des Diagnostikprozesses ist es deshalb wichtig, jene Aspekte immer wieder kritisch anzuschauen. Im Therapieverlauf wird der therapeutische Fortschritt fortlaufend anhand der zu Beginn erwähnten GAS überprüft. Die Veränderung der Problembereiche von K können anhand von Selbstberichtsfragebögen oder Tagebucheinträgen erfasst werden. Ein Rückgang der depressiven Verstimmung von K kann sich im Anstieg seines Aktivitätsniveau oder einem Rückgang negativer Gedanken zeigen. Nach Abschluss jeder Sitzung dokumentiert T Therapieinhalte und Prozessvariablen jener Sitzung. Die Priorität der Ziele kann sich im Verlauf der Therapie ändern; Ziele können auch gänzlich wegfallen und neue hinzukommen. Die fortlaufende Überprüfung dient nicht nur der Qualitätssicherung der Therapie, T kann daraus auch Themen in seine Supervision und Intervision einfließen lassen und im Sinne einer adaptiven Indikationsstellung handeln. Zum Abschluss der Therapie als Phase 3 des Diagnostikprozesses empfiehlt sich eine Evaluation und Abschlussdiagnostik. Der Erfolg der Therapie kann entweder anhand der GAS erfasst werden oder mit Fragen nach der Zufriedenheit von K oder seinem subjektiven Empfinden im Rückgang des Leidensdruck. Der Erfolg ist auch anhand objektiver Kriterien, ob K beispielsweise wieder mehr soziale Kontakte pflegt, sich auf Vakanzen bewirbt oder gar wieder in einer Anstellung ist, aufzeigbar (Petermann et al., 2018, S. 261–267).

Anlagen

Anlage 1: Beispielfragen zu Ressourcen. Beispielhafte Fragen bei der Anamnese, welche die vier Ressourcen-Gruppen ansprechen, könnten sein:

- Wer freut sich, sie zu sehen?
- Mit wem würden sie durch dick und dünn gehen?
- Was unternehmen sie gerne in ihrer freien Zeit?
- Mit wem unternehmen sie gerne etwas in ihrer Freizeit?
- Was half ihnen schon, mit Schwierigkeiten umzugehen?
- Wo waren sie schon erfolgreich?
- Was war in ihrer Familie wertvoll? Auf was wurde wertgelegt?
- Wann erleben sie ein Gefühl von Gelassenheit?
- Kommen ihnen Situationen in den Sinn, in denen sie sich kritisieren? Und loben?
- Was mögen andere an ihnen?

(Quelle: Eigene Darstellung)

Literaturverzeichnis

Aronson, E., Wilson, T. D., & Akert, R. M. (2008). *Sozialpsychologie* (6., aktual, Aufl). München: Pearson Studium.

Atkinson, R. L., Atkinson, R. C., Smith, E. E., Bem, D. J., & Nolen-Hoeksema, S. (2001). *Hilgards Einführung in die Psychologie* (J. Grabowski & E. van der Meer, Hrsg.). Heidelberg: Spektrum, Akad. Verl.

Bengel, J., & Lyssenko, L. (2012). *Resilienz und psychologische Schutzfaktoren im Erwachsenenalter: Stand der Forschung zu psychologischen Schutzfaktoren von Gesundheit im Erwachsenenalter* (Aufl.: 1.3.11.12). Köln: BZgA.

Blattner, N. (2017, November 15). *Vorlesung und Skript CAS Ressourcenorientierte Beratung: Resilienz und Ressourcen in der Beratung.* Resilienz und Ressourcen in der Beratung: Resilienz stärken, mit Ressourcen arbeiten, FHNW Nordwestschweiz Olten.

Blickhan, D. (2015). *Positive Psychologie: Ein Handbuch für die Praxis.* Paderborn: Junfermann Verlag.

Bühringer, G. (2003). Störungen durch den Gebrauch von illegalen Drogen und psychotropen Arzneimitteln. In Reinecker, H. (Hrsg.), *Lehrbuch der Klinischen Psychologie und Psychotherapie: Modelle psychischer Störungen* (4., vollst. überarb. und erw. Aufl., S. 329–356). Göttingen: Hogrefe.

Caspar, F., Pjanic, I., & Westermann, S. (2018). *Klinische Psychologie.* Wiesbaden: Springer VS.

Daniel, S., & Jansen, L. (2018). *Studienbrief: Grundlagen der Gesundheitspsychologie—Titel-Nr. 1043-02.* Riedlingen.

Ellis, A., & Hoellen, B. (1997). *Die Rational-Emotive Verhaltenstherapie: Reflexionen und Neubestimmungen.* München: Pfeiffer.

Ellis, A., Joffe Ellis, D., & Kloosterziel, R. (2012). *Rational-Emotive Verhaltenstherapie.* München: Reinhardt.

Faller, H., Lang, H., & Brunnhuber, S. (Hrsg.). (2006). *Medizinische Psychologie und Soziologie: Mit 13 Tabellen ; [neue Approbationsordnung]* (2., vollst. neu bearb. Aufl). Heidelberg: Springer Medizin.

Faltermaier, T. (2005). *Gesundheitspsychologie* (1. Aufl, Bd. 1–21). Stuttgart: Kohlhammer.

Fiedler, P. (2003). Persönlichkeitsstörungen. In Reinecker, H. (Hrsg.), *Lehrbuch der Klinischen Psychologie und Psychotherapie: Modelle psychischer Störungen* (4., vollst. überarb. und erw. Aufl., S. 275–301). Göttingen: Hogrefe.

Hautzinger, M. & de Jong-Meyer, R. (2003). Depression. In Reinecker, H. (Hrsg.), *Lehrbuch der Klinischen Psychologie und Psychotherapie: Modelle psychischer Störungen* (4., vollst. überarb. und erw. Aufl., S. 215–257). Göttingen: Hogrefe.

Mahr, C. (2018). *Praxishandbuch integrative Psychotherapie: Ein methodenorientiertes und wegweisendes Grundlagenwerk.* Wiesbaden: Springer.

Margraf, J. & Schneider, S. (2003). Klassifikatorische Diagnostik, Strukturierte Interviews und Therapieindikation. In Reinecker, H. (Hrsg.), *Lehrbuch der Klinischen Psychologie und Psychotherapie: Modelle psychischer Störungen* (4., vollst. überarb. und erw. Aufl., S. 39–60). Göttingen: Hogrefe.

Petermann, F., Maercker, A., Lutz, W., & Stangier, U. (2018). *Klinische Psychologie—Grundlagen* (2., überarbeitete Auflage). Göttingen: Hogrefe.

Reinecker, H. (2003). Forschung in der Klinischen Psychologie. In Reinecker, H. (Hrsg.), *Lehrbuch der Klinischen Psychologie und Psychotherapie: Modelle psychischer Störungen* (4., vollst. überarb. und erw. Aufl., S. 23–37). Göttingen: Hogrefe.

Rolfe, M. (2019). *Positive Psychologie und organisationale Resilienz: Stürmische Zeiten besser meistern.* Berlin: Springer.

Sauerland, M. (2018). *Design your mind! Denkfallen entlarven und überwinden.* Wiesbaden: Gabler.

Trösken, A. (2002). *REF/RES - Berner Ressourceninventar (Fragebogen zur Ressourcenselbsteinschätzung (RES); Fragebogen zur Ressourcenfremdeinschätzung (REF)).* (PSYNDEX Tests Info). PSYNDEX Tests-Dokument: 9004998. Abgerufen 24. März 2020, von https://www.psyndex.de/retrieval/PSYNDEXTests.php?id=9004998.

Wirtz, M. A. (Hrsg.). (2017). *Dorsch—Lexikon der Psychologie* (18. Aufl.). Bern: Hogrefe.

Wittchen, H.-U., & Hoyer, J. (2011). *Klinische Psychologie & Psychotherapie* (2., überarbeitete und erweiterte Auflage). Berlin Heidelberg: Springer.

Wüsten, G. (2015, Oktober 22). *Vorlesung und Skript CAS Ressourcenorientierte Beratung: Ressourcen aktivieren* [Vorlesung]. Ressourcen wahrnehmen, nutzen, aktiveren, FHNW Nordwestschweiz Olten.